零基础学 陈氏太极拳

（视频学习修订版）

高崇 编著 杨天硕 摄影

人民邮电出版社

北 京

图书在版编目（CIP）数据

零基础学陈氏太极拳：视频学习修订版 / 高崇编著；
杨天硕摄. -- 2版. -- 北京：人民邮电出版社，2022.3
ISBN 978-7-115-58626-1

Ⅰ. ①零… Ⅱ. ①高… ②杨… Ⅲ. ①陈式太极拳—
基本知识 Ⅳ. ①G852.11

中国版本图书馆CIP数据核字(2022)第023362号

免责声明

作者和出版商都已尽可能确保本书技术上的准确性以及合理性，并特别声明，不会承担由于使用本出版物中的材料而遭受的任何损伤所直接或间接产生的与个人或团体相关的一切责任、损失或风险。

内 容 提 要

本书是为广大太极拳爱好者及想了解陈氏太极拳的人士设计的太极拳入门级图书。全书涵盖陈氏太极拳的简介、基本要求、步型和步法，以及18式太极拳教学动作等内容，以多角度真人实拍图，分步骤展示太极拳的连贯动作。通过这本书中专业教练的详细演示，读者可以了解陈氏太极拳的基础知识和训练技巧。喜欢太极拳的朋友们通过阅读本书，可以轻松掌握太极拳的相关知识以及基本技法。太极拳的入门级练习者可以从本书中找到需要的知识和实战技法。

◆ 编　著　高　崇
　　摄　影　杨天硕
　　责任编辑　刘日红
　　责任印制　马振武

◆ 人民邮电出版社出版发行　　北京市丰台区成寿寺路 11 号
　邮编　100164　电子邮件　315@ptpress.com.cn
　网址　https://www.ptpress.com.cn
　北京瑞禾彩色印刷有限公司印刷

◆ 开本：700×1000　1/16
　印张：8.5　　　　　　　　　2022 年 3 月第 2 版
　字数：143 千字　　　　　　 2022 年 3 月北京第 1 次印刷

定价：29.80 元

读者服务热线：(010)81055296　印装质量热线：(010)81055316
反盗版热线：(010)81055315
广告经营许可证：京东市监广登字 20170147 号

在线教学视频观看说明

微信"扫一扫"

　　本书提供了完整版的陈氏太极拳视频，您可以通过微信的"扫一扫"功能，扫描本页右上角的二维码进行观看。

　　步骤 1　点击微信聊天界面右上角的"+"，弹出功能菜单（如图 1 所示）。

　　步骤 2　点击弹出的功能菜单上的"扫一扫"，进入该功能界面，扫描本页右上角的二维码。

　　步骤 3　如果您未关注"人邮体育"微信公众号，在第一次扫描后会出现"人邮体育"的二维码（如图 2 所示）。关注"人邮体育"微信公众号之后，扫描后即可观看视频。

　　如果您已经关注了"人邮体育"微信公众号，扫描后可以直接观看视频。

图 1

图 2

高崇: 太极拳世界冠军, 国家级运动健将, 中国武术六段, 毕业于北京体育大学。

个人主要运动成绩:

◎ 2008 年第九届上海国际武术博览会太极拳第一名

◎ 2008 年全国武术套路锦标赛太极拳剑全能冠军

◎ 2008 年担任上海国际科技与艺术展 "太极与八卦" 展演者

◎ 2012 年全国太极拳锦标赛太极对练第一名

◎ 2012 年主演舞台剧《风中菩提》

◎ 2008~2012 年多次随国家领导人代表国家出访亚洲、欧洲、

  非洲, 传播太极文化

◎ 2013~2014 年北京高校太极拳、太极剑、太极器械比赛冠军

◎ 2013 年被选为太极禅形象大使, 拍摄太极禅教学片

◎ 2013 年与古琴名家王鹏老师同台演出, 亮相国家大剧院及

  上海国际艺术节

◎ 2014 年随古琴名家王鹏老师赴墨尔本等地参加文化艺术节

  展演

◎ 2014 年录制央视 "我们的中国梦——五月的鲜花" 体育竞技类表演《为我们喝彩》节目

◎ 2014 年应国家汉办邀请, 赴美国参加孔子学院十周年演出

◎ 2014 年 APEC 会议期间为各国政要表演《太极神韵》, 获得高度赞扬

◎ 2014 年、2015 年在钓鱼台为国家领导人和与会来宾表演太极

应电视台之邀参与各类演出百余场, 长期担任多家机构、企业的太极教练, 拥有丰富的舞台表演和教学经验, 逐步建立起独特的适合各类人群的教学体系。出于对太极的热爱, 无论专业比赛、舞台表演还是普及教学, 都有独到的认识和见解。

目 录

第一章　陈氏太极拳简介

❶ 陈氏太极拳的由来与发展 ·············· 002

　　1. 由来 ·················· 002

　　2. 发展 ·················· 002

❷ 陈氏太极拳的实用功能 ·············· 003

❸ 太极拳服装以及装备的选择 ·············· 004

　　1. 太极服 ·················· 004

　　2. 太极服的选择 ·················· 005

　　3. 太极鞋 ·················· 006

　　4. 太极鞋的选择 ·················· 007

第二章　陈氏太极拳的基本要求

❶ 掌形 ·················· 010

❷ 拳形 ·················· 011

❸ 钩手 ·················· 012

❹ 身形 ·················· 013

第三章　陈氏太极拳的基本步型

❶ 马步 ·················· 016

❷ 弓步 ·················· 017

③ 虚步 ·· 018

④ 仆步 ·· 019

⑤ 歇步 ·· 020

⑥ 四六步 ·· 021

第四章 陈氏太极拳的基本步法

① 进步 ·· 024

② 退步 ·· 028

③ 侧行步 ·· 032

第五章 热身动作

① 颈部运动 ·· 036

② 肘部运动 ·· 037

③ 头部运动 ·· 038

④ 上肢运动 ·· 040

⑤ 肩部运动 ·· 041

⑥ 伸展运动 ·· 043

⑦ 提膝运动 ·· 046

第六章 陈氏太极拳的基础动作

① 野马分鬃 ·· 050

② 搂膝拗步 ·· 054

③ 倒卷肱 ·· 058

④ 左右穿梭 ·· 062

5 搬拦捶 ··· 066

6 左右云手 ··· 070

第七章　陈氏太极拳精要 18 式

1 起势 ··· 074

2 金刚捣碓 ··· 076

3 懒扎衣 ··· 082

4 六封四闭 ··· 086

5 单鞭 ··· 088

6 白鹤亮翅 ··· 090

7 斜行 ··· 092

8 搂膝 ··· 096

9 拗步 ··· 098

10 掩手肱拳 ·· 100

11 高探马 ·· 102

12 左蹬一跟 ·· 104

13 玉女穿梭 ·· 106

14 云手 ··· 112

15 转身双摆莲 ·· 116

16 当头炮 ·· 120

17 金刚捣碓 ·· 122

18 收势 ··· 126

第一章
陈氏太极拳简介

陈氏太极拳是一种起源于明末的拳术。陈氏始祖陈卜全家定居清风岭上的常阳村（后易名陈家沟）后，勤劳耕作，兴家立业。为了保卫家乡不受地方匪盗危害，精通拳械的陈卜在村中设立武学社，教子孙习拳练武。

1 陈氏太极拳的由来与发展

陈氏太极拳，是太极拳最原始的拳种，是陈王廷集老子阴阳学说创编而成。后来陈氏太极拳演变成杨、吴、武、孙四大流派。

● 1. 由来

陈氏太极拳的起源可追溯到陈氏始祖陈卜。陈卜，原籍泽州（今山西晋城）。陈卜定居陈家沟以后，出于保卫家园和维持地方安宁的需要，开始在村中开办武学社，传授武艺，而太极拳的记载主要从陈氏第九世陈王廷记起。

● 2. 发展

在陈氏太极拳发展史上，不能不提以下三个人，即陈王廷、陈长兴、陈发科三位宗师。

陈王廷（1600—1680），字奏庭，明末清初时期陈家沟陈氏第九代传人，他依据祖传拳术，博采众长，并根据《易经》而创编出陈氏太极拳。而后陈家沟村民练习太极拳之风越来越盛，无论男女老幼皆习拳，世代承袭。

陈王廷雕像

至十四世陈长兴时，太极拳有了一个大的改革与发展。陈长兴在祖传老架五个套路的基础上，将太极拳精炼归纳为当今流行的两个套路：第一路（大架）和第二路（炮捶）。后人称这两路拳为太极拳老架。

直到近代，陈发科先生于1928年应许禹生等之邀到北平传拳，他以"挨着何处何处击，将人击出不见形"的高超技艺受到北平武术界的叹服，从而在北平站住了脚，开始在北平传拳，将三百年来只流传在陈家沟的太极拳带出了沟外。这是陈家沟陈氏太极拳发展的一个重要的里程碑，开创了陈氏太极拳的新纪元。

拳经总歌！

纵放屈伸人莫知，诸靠缠绕我皆依。
劈打推压得进步，搬撂横采也难敌。
钩棚逼揽人人晓，闪惊巧取有谁知？
佯输诈走谁云败，引诱回冲致胜归。
滚拴搭扫灵微妙，横直劈砍奇更奇。
截进遮拦穿心肘，迎风接步红炮捶。

二换扫压挂面脚，左右边簪庄跟腿。
截前压后无缝锁，声东击西要熟识。
上笼下提君须记，进攻退闪莫迟迟。
藏头盖面天下有，攒心剁肋世间稀。
教师不识此中理，难将武艺论高低。

② 陈氏太极拳的实用功能

太极拳不但具有强身健体的作用，而且在击技防卫上也有独到之处。

中医认为，打太极拳对身体多方面都能起到保健作用，它不仅能加强肾脏的功能，调节人体内分泌，还能改善因肾精不足所导致的腰腿酸软、失眠、多梦等症状。

首先，太极拳的呼吸方式会改善人的部分器官功能。打太极用"腹式呼吸"，腹式呼吸可改变腹腔的压力，增大胸廓容积，增强腹内脏器活动，从而改善人体的血液循环，并改善人体消化系统的功能。

打太极拳对全身的骨骼和肌肉都起到改善作用。在做太极拳运动时，全身的骨骼和肌肉都会呈周期性的舒张和收缩，血液循环就会得到加强和改善，包括身体内脏中毛细血管网都被调动起来，心肌营养得到有效供给。

太极拳对神经系统也有良好的调节作用。它可以有效舒缓人的精神状态，有效改善神经衰弱、失眠健忘等症状。

太极拳不仅对养生保健起到很好的作用，而且是一种拳术，讲究技击性，在技击和防卫上有独到之处，是可以真打实战的功夫。

③ 太极拳服装以及装备的选择

太极拳是一个完整的理论技术体系, 练习太极拳时, 必要的装备也占有重要的位置。

● 1. 太极服

太极服, 是我国武术练功服的其中一种。古时习练者练功时一般穿着长衣长裤, 不束腰, 以宽松为主, 并且练习时不可着围巾、帽子、手套, 以免阻碍体内气息的运转与流通。太极服的样式一般为中国民间传统服装样式, 领子为荷叶领, 扣子为对襟盘扣, 色彩主要是黑色和白色, 比较讲究的太极服会有精致的刺绣图案。

太极服装款式
太极服多为长袖长裤的宽松款式。炎热的夏季, 有很多女士会选择上身是短袖或七分袖的太极服款式。这样, 在打太极拳时较为凉爽, 和传统的灯笼袖相比, 也显得更加干净利落。

长款太极服装

短款太极服装

荷叶领

对襟盘扣

袖口

裤脚

零基础学陈氏太极拳

• 2. 太极服的选择

服装的选择很重要，不同的面料和不同的颜色会带给人不同的感觉。

太极服如何挑选

通常，太极服都是以长袖长裤的宽松款式为主，且男女款式也没有太大的区别。

太极服的材质可分为涤纶、纯棉、丝绸、麻等材质，每种材质各有特点，在选择时要多加鉴别，才能选出适合自己的款式。

也可以根据季节来挑选不同材质的服装，一般推荐丝绸和纯棉材质的太极服。

材质介绍

丝绸柔软垂滑，略有弹性，光泽自然，织物紧密耐穿，面料挺括，不易起皱，色彩丰富、古典，表演比赛或者日常习练，皆可选择。而纯棉的透气性较好，面料挺括，但容易起皱和缩水，需要不定时保养和熨烫。服装比较休闲，休闲锻炼两相宜。

丝绸

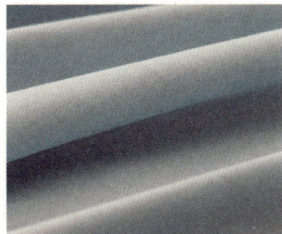

纯棉

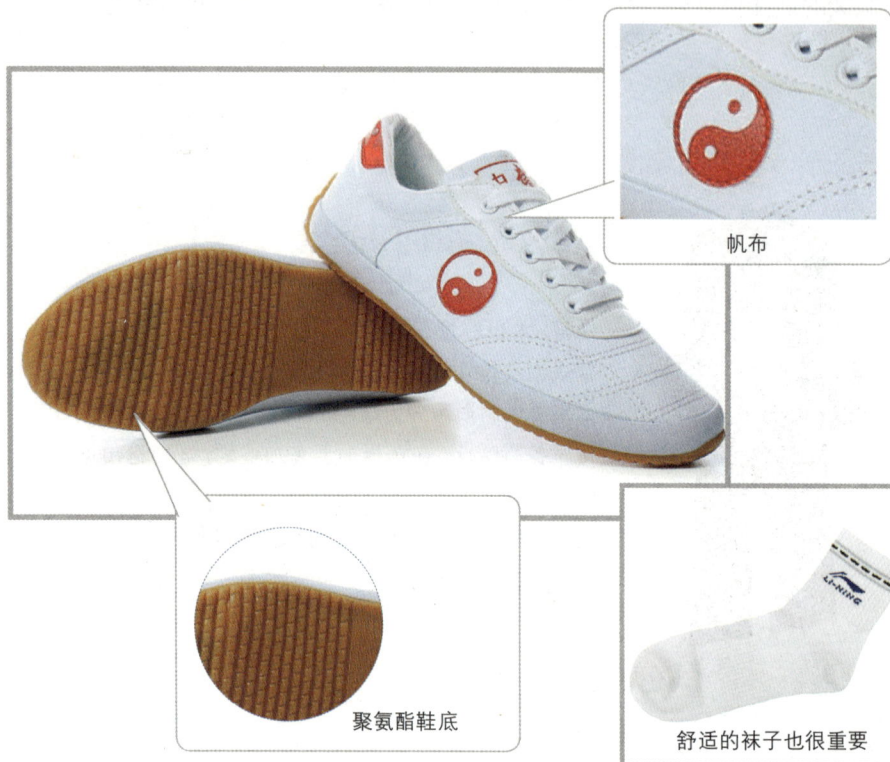

帆布

聚氨酯鞋底

舒适的袜子也很重要

太极鞋材质

（1）帆布材质轻薄透气，舒适保暖，但不易打理。

（2）PU（聚氨酯）材质厚重防水，脏了也较容易擦拭，但透气性较差。

帆布

帆布鞋

PU

PU 鞋

由于太极拳有许多脚部的动作，有的是前脚掌着地捻动，有的是脚跟着地捻动，所以穿着舒适的鞋是保护脚部的必要选择。

鞋子的挑选 !

一般穿帆布鞋和皮鞋即可，这两种鞋鞋底较大，非流线型，不是很随脚，但是因为打太极时，脚部挪移动作比较多，宽大的鞋底造型会更加适合。最好的太极鞋是 PU 材质鞋底的太极鞋。PU 鞋底弹性好，耐磨。选择舒适的太极鞋是保护脚部的明智选择。

帆布太极鞋的特点

（1）鞋面：耐磨舒适的帆布材质，防臭且透气。

（2）穿带连接：多孔穿带，适用于不同围度的脚型。

（3）鞋内：鞋口后侧内包软棉后跟圈，可以更有效地保护脚踝部位不被磨损。

（4）后跟：内置半圆布贴与外置半圆软胶皮，双重保护脚跟；后跟鞋型坚挺漂亮，穿着更加舒适，可以有效增加耐磨程度。

太极鞋的挑选

（1）首先要选择太极专用鞋，效果最好。如果没有的话，就选择比较轻盈舒适的鞋。

（2）最好选用鞋底为牛筋底的鞋子，这样的鞋子韧性会比较好。如果多在室外练拳，可选择更高级的橡胶合成鞋底，比较耐磨。

（3）鞋子的大小要合脚。

（4）鞋底最好是外韧内软，这样有助于提高起动速度，也有较好的缓冲性能，在脚部落地时可吸收振动，并将振动转化为力量。

（5）鞋底的厚薄要合适，鞋底不要太厚。

第二章
陈氏太极拳的基本要求

本章将介绍陈氏太极拳练习中的站姿和手上动作，包括掌形、拳形、钩手以及身形等。

1 掌形

五指自然伸展, 互不靠拢, 也不要分得太开, 以掌宽为度, 大拇指自然松竖, 掌心不可太凹也不可张开过大, 以自然舒展为度。

如何出掌

在运动与合劲时, 掌心要虚; 在开劲与发劲时, 掌心要实。

零基础学陈氏太极拳

内侧

五指略舒微曲, 指间略分, 掌心微凹。

② 拳形

太极拳的握拳形式为：四指并拢卷曲，指尖贴于掌心，然后拇指卷曲，贴于食指与中指中节上，握成拳形。

如何出拳

在发拳前蓄力时虚握拳，在等到出拳触人的一瞬间成拳，发力顶出。

内侧

注意，在发拳时腕部不能软，拳顶不能上撩，也不能下栽，必须直腕。

③ 钩手

钩手，也叫吊手，做法是五指下垂相拢，拇指、食指、中指指尖轻合，掌心要空，腕部舒松自然。

内侧

陈氏太极拳在乘势转圈中五指指尖捏拢下垂，故也称钩手为"吊手"。

钩手作用

钩手有抓筋、拿脉、锁骨、截劲等作用，使被"钩"者痛彻肺腑、有深透入骨之感。但用力死钩，会使自己的腕部与臂部僵直，失去灵活性，阻碍经气的循行。钩手可以锻炼腕部的旋转，含有叼手、擒手与解脱擒拿的方法。在套路练习中，钩手动作的意义不可忽视。

钩手示意图！

①手腕自然下垂，五指展开。

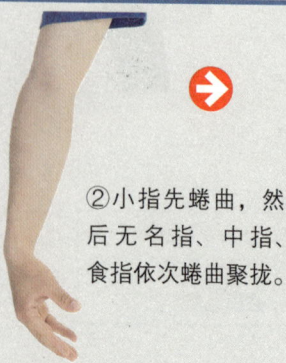

②小指先蜷曲，然后无名指、中指、食指依次蜷曲聚拢。

③拇指贴于食指梢节，小指紧贴掌根缘，卷曲手掌呈空心，成为钩手。

4 身形

躯干的形态称为身形。太极拳的身形要求有："立身中正安舒，八面支撑""虚领顶劲，含胸拔背""立如秤准，活似车轮""尾闾中正神灌顶，满身轻利顶头悬"等。

躯干的形态称为身形，"立身中正安舒"是太极拳静态身形的基本技法；"上悬中松下沉"是太极拳动态身形的技法。

步法示意图

含胸拔背，这是对胸背的要求，拔背指脊柱有放松拔长之意，能含胸则能拔背，做到体态中正。

注意细节！

对肩臂的要求是松肩沉肘，肘要下垂，自然弯曲，不可僵直。松肩要做到肘不贴肋，肘不离肋，其手臂有圆转松活之意。

第三章
陈氏太极拳的基本步型

步型是指下肢动作的定式造型。陈氏太极拳中常见的步型有马步、弓步、虚步、仆步、歇步等。

① 马步

蹲马步的方法

双脚开立下蹲，间距2~3脚宽，两脚外撇约30度。然后腰胯发力，使双膝下沉，呈半蹲姿势。两膝与脚尖的方向相同，膝盖的垂直方向不可超过脚尖。马步的特点是下盘稳固，平衡能力好。

016

零基础学陈氏太极拳

正误对比！

马步中膝盖弯曲时，膝盖前端不能超过脚尖。

蹲马步时手的位置

双手可以放在脑后，或双手屈臂举过头顶。

② 弓步

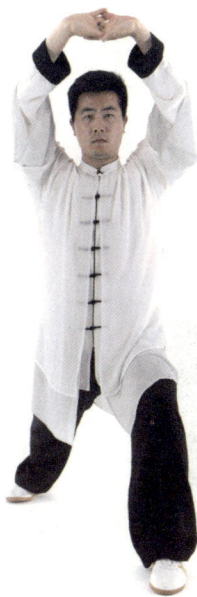

弓步开步方法

一条腿向前方迈出一大步，同时膝关节弯曲，大腿近于水平，膝盖与脚尖垂直；另一条腿挺膝伸直。两脚全脚掌着地，上半身正对前方。左腿在前为左弓步，右腿在前为右弓步。

正误对比！

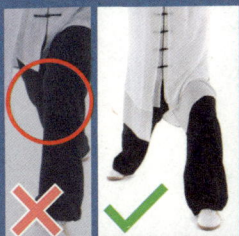

后脚应该在前脚的侧后方。

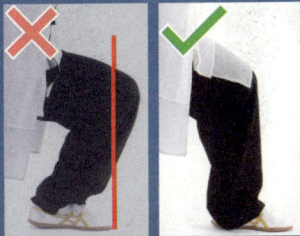

弓步时膝盖不能超过脚尖。

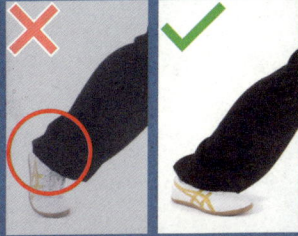

双脚要踏实地面，不能抬起后脚跟。

虚步

两手握拳于腰侧或平伸，挺胸、塌腰，脚跟外蹬，膝不过脚尖。

虚步要求前腿虚、后腿实、虚实分明。重点在于要把身体的主要力量放在支撑腿上，虚步只支撑身体的三分力量。

④ 仆步

仆步

左腿拉直，膝盖向下运力，脚尖指向前方。这期间要保持左腿绷直，切忌呈现弯曲的状态。

仆步下势讲究的是两腿的绷劲、腿弓的转换。因此，下势时动作要慢，腿弓要像拉满的弓箭一样。

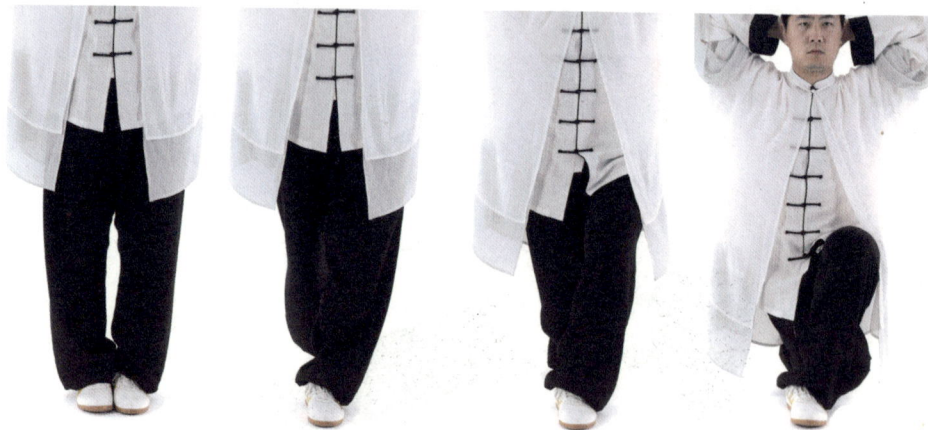

歇步

①两脚开立，与肩同宽，然后抬左腿移至右脚边；②待两腿交叉后，稳定双脚使身形下压；③双腿盘曲下压，上半身保持直立；④将全身的重量完全压至下盘，而上半身仍保持自然直立。

多角度示意图！

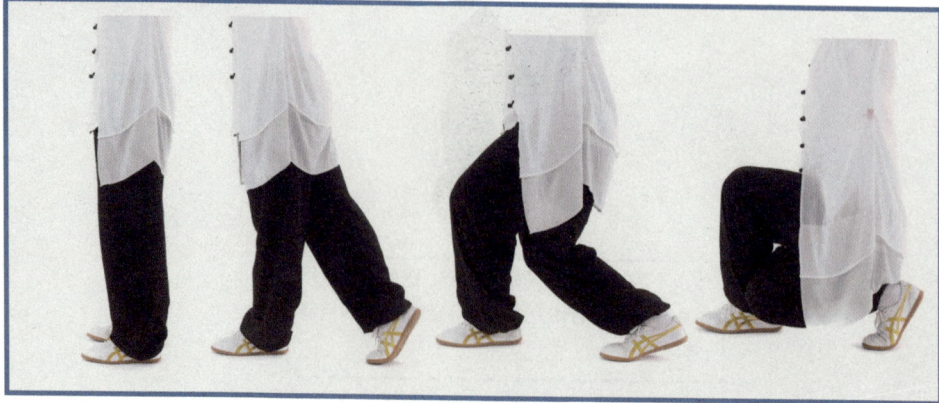

6 四六步

四六步

身体先做出马步的姿势，双手抱头或叉腰，重心向右腿移动，右膝微微向下用力，左腿稍稍拉伸。四六步介于马步与仆步之间。

第四章
陈氏太极拳的基本步法

步法练习是陈氏太极拳的基础。陈氏太极拳对步法的要求是要分清虚实,下盘有根;虚实转换清楚,绝不轻浮。

① 进步

1

零基础学陈氏太极拳

2

①~② 身体自然直立，脚尖向外撇开，双手叉腰下蹲，眼睛平视前方。身体微左转，提右脚，右脚经过左脚内侧向前方开步。

③ 右脚跟内侧先着地，左腿弯曲向下压，右腿挺直，脚尖上翘里扣。

3

6

5

④ 右脚迈步向前踏实，身体重心前移，呈右弓步。

⑤~⑥ 左腿弯曲，右腿挺直，翘起右脚，脚尖里扣，同时身体向右转动，然后踏实右脚，身体前倾，呈右弓步。

4

7

8

⑦~⑧ 右腿保持弯曲，收起左腿，弯曲贴于右腿内侧。身体向右转，将抬起的左脚向左前方迈出一大步，脚跟触地，脚尖抬起。

⑨ 左脚踏实，重心前移，呈左弓步。

9

12

11

⑩ 身体向后移动，同时右腿弯曲，左腿伸直，脚尖翘起。

⑪~⑫ 身体前倾，左腿踏实弯曲，右腿伸直，呈左弓步。最后收起右脚贴于左腿内侧，双腿弯曲。可继续向前进步。

10

② 退步

1

2

❶~❷ 身体自然直立，脚尖向外撇开，双手叉腰下蹲，眼睛平视前方。身体微左转，提右脚，脚尖触地。

❸ 右脚向后撤一大步，伸直右腿，重心保持在左腿上，呈左弓步。

3

零基础学陈氏太极拳

6

④ 身体后倾，弯曲右腿，准备后撤步。

⑤~⑥ 上半身上抬，双腿保持微屈，收回左腿，左腿贴于右腿内侧，脚尖撑地。

5

029

4

7

8

⑦ 左脚向后撤一大步，伸直左腿，重心保持在右腿上，呈右弓步。

⑧ 身体后倾，弯曲左腿，准备后撤步。

⑨ 接着身体重心后移至左腿，左腿站起，保持微弯曲，同时右腿抬起，脚尖触地。

9

12

11

❿ 右腿慢慢收回，贴于左腿内侧，脚尖触地。

⓫ 向身体后方伸直右腿，左腿屈膝，松胯，脚尖先着地后踏实，右腿后撤伸直呈右弓步。左脚脚尖朝向左侧，右脚脚尖朝向右侧前方。

⓬ 身体继续后撤，向身体后部蹬右腿，右腿屈膝，松胯。

10

①~②身体自然直立，两脚并拢，双手叉腰下蹲，眼睛平视前方。

③然后左脚抬起，迈向左侧大约一步的距离，呈两脚开立姿势。

6

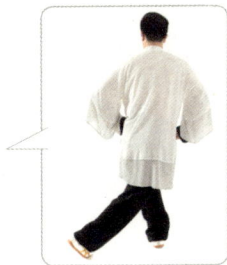

❹ 身体重心左移至左腿，左腿微屈。

❺～❻ 收回右脚至左脚内侧，双腿并立且微弯曲，然后右腿向左后方迈出一步，前脚掌撑地。

5

4

7

8

⑦～⑧ 右脚踏实，左腿向右迈出一步，脚跟先着地。

⑨～⑩ 左脚踏实，左腿屈膝，同时上半身向左倾斜，右腿挺直。将右腿抬起再收回，脚尖朝下，可继续向侧面进步。

9

10

第五章
热身动作

练习太极拳时，首先要做热身运动。热身是练习太极拳的前提。

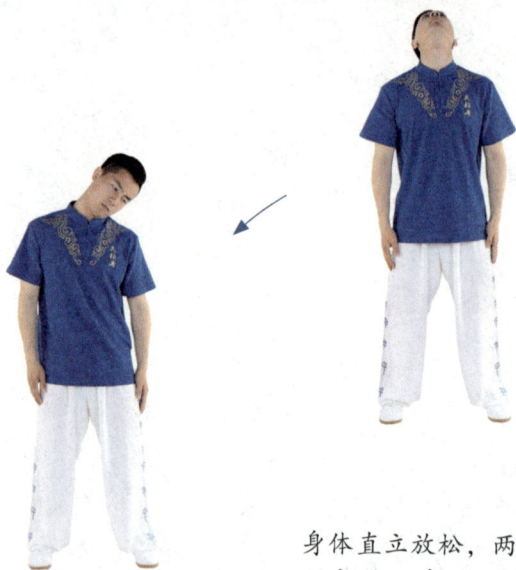

身体直立放松，两臂下垂；两脚微开，相距大约一步的距离；头部依次按照上—左—下—右的顺序转动。转动时动作要缓慢，可持续进行数次。

② 肘部运动

身体直立放松，两脚开立，与肩同宽；双手交叉相握，置于脑后，使双臂与肩膀在一条直线上。然后两臂逐渐向头部合拢至90度，低头，面部朝向地面。可持续进行数次。

左侧

身体直立放松，两脚微开，相距大约一步的距离；伸右手，手掌由头顶绕过，贴住左侧脸部；左手从身体的前方伸出，握住右臂的肱二头肌部位，右手扳住头部向右侧扭动。可持续进行数次。

零基础学陈氏太极拳

038

右侧

身体直立放松，两脚微开，相距大约一步的距离；竖直向上举起左臂，手指伸直，而后弯曲左臂使左掌越过头部覆于右耳侧，左臂则搭在右臂上方作为辅助，头部向左下方扭动，这一过程中手掌位置不变。可持续进行数次。

1

第1步

身体直立放松，两脚开立，与肩同宽；
伸左手折向脑后，贴于肩背部。

第2步

抬起右手，右臂屈臂，在脑后位置抱住
左臂的肘关节，然后向右侧拉伸数次。

2

5 肩部运动

第1步

身体直立放松，两脚开立，与肩同宽；
两臂向左右两侧张开，伸至与肩部呈一
条直线，手掌朝上，然后两臂弯曲折向
肩部，手指搭在肩膀上。

2

注意细节！

双臂平举，两臂伸直。动作要到位，注意双掌向上。

注意，是利用肩部的力量使胳膊上下前后摆动。

第2步

手指贴住肩膀，双臂向上抬起，然后向下落。

3

第3步

双臂上下运动后，继续向前后拉伸。上下前后重复动作。

⑥ 伸展运动

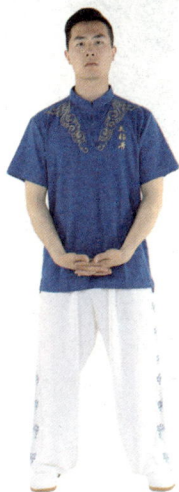

向上推举

身体直立放松，两脚微开，相距大约一步的距离；两手在腹部位置交叉相握，掌心向上。然后抬起交叉相握的双手，举至胸前，掌心向内。交叉的双手由胸前向外翻掌，准备向上推举。

双手交叉，由内向外翻掌。

向下

直到双臂伸直翻至头顶部，掌心向上，掌背向下，接着弯腰前倾，直至手掌距地面一指的距离，双手掌心朝下。

起身

双手松开，分别摸住左右两侧的膝盖，慢慢蹲下，两肩端平，平行于地面，然后起身直立复原。

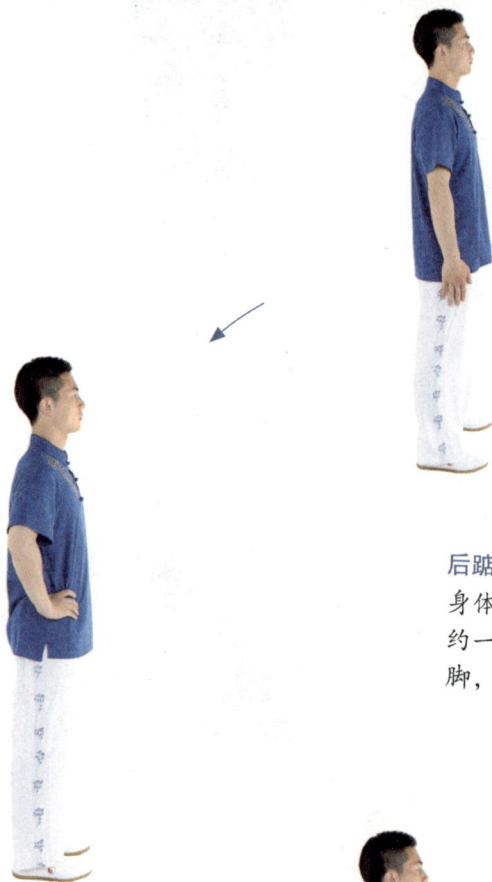

后踮脚

身体直立放松，两脚微开，相距大约一步的距离；双手叉腰，然后踮脚，脚尖着地。

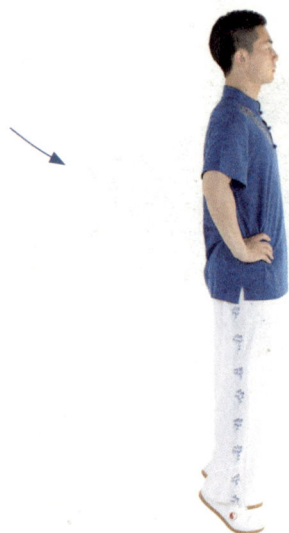

注意细节！

叉腰时注意将气息向上提，以便于后踮脚。

屈膝

脚后跟落下，然后弯腰摸膝，左右手
分别摸住左右两侧的膝盖，指尖向
下；之后身体直起，动作归于原位。

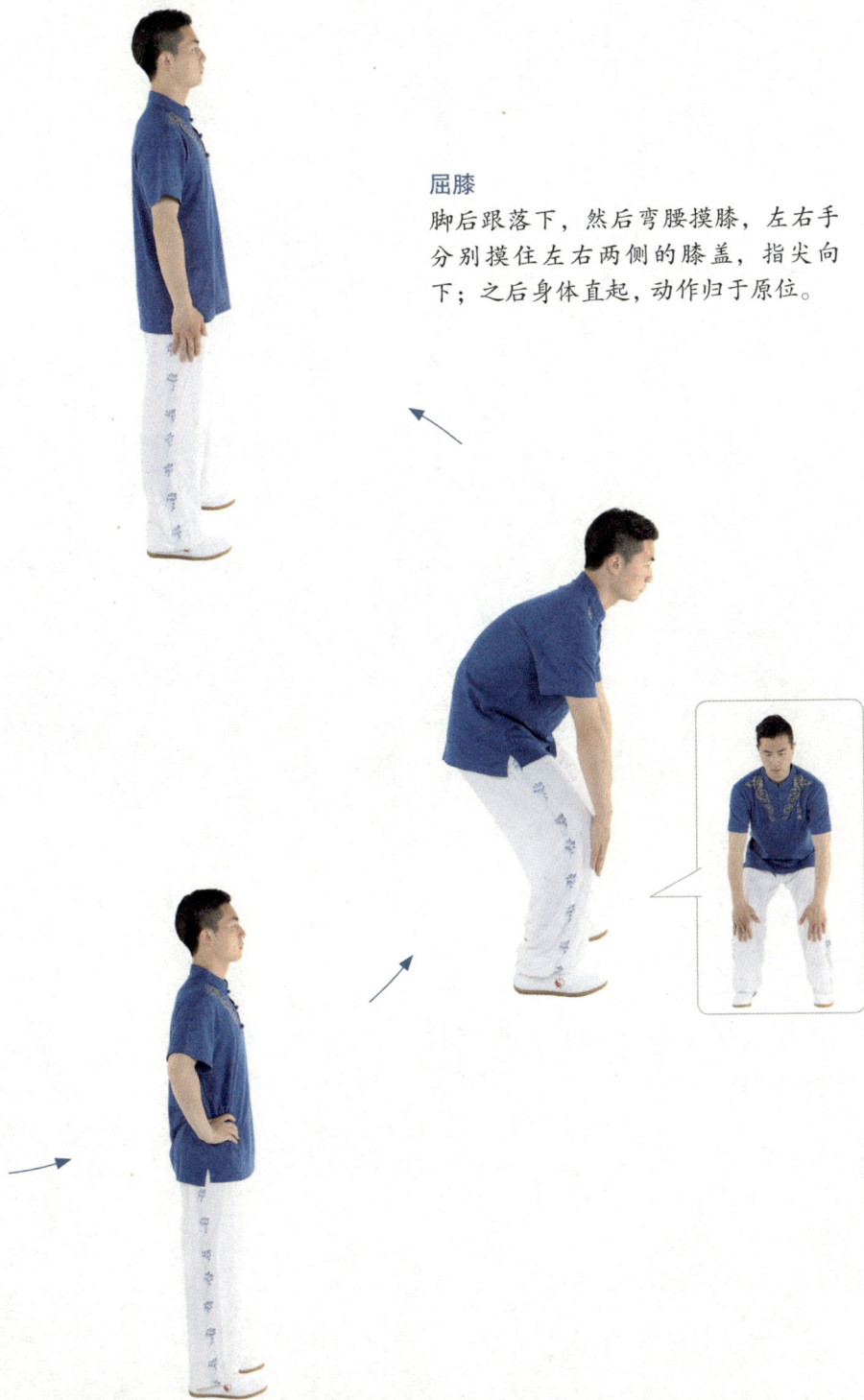

第六章
陈氏太极拳的基础动作

本章我们开始学习太极拳的基础动作。打好基础有利于接下来的套路练习。

① 野马分鬃

1 身体自然直立，两脚并拢，脚尖向前；两臂自然下垂，两手放在大腿的外侧，眼睛平视前方。之后左脚抬起，向左侧迈大约一步的距离，呈两脚开立姿势。

2 两臂慢慢向前平举，两手的高度与肩平齐，与肩同宽，掌心向下。上半身保持正直，两腿屈膝下蹲，同时两掌轻轻下落，落至腹部，指尖向前，掌心向下，眼睛平视前方。

❸ 身体右转，重心移至左腿。右脚向右侧迈步，右腿弯曲，重心前移至右腿。左脚随即收到右脚的内侧，脚尖着地，眼看右手。同时右臂抬起，收至胸前平屈，掌心向下。

❹ 左手翻掌，经体前向右下画弧放在右手下，掌心向上，两手掌心相对呈抱球状，身体向左转，左脚向左前方迈出，脚跟先触地。

左脚也随身体向左微微转动。

5

6

⑤ 左腿踏实，右腿自然伸直，呈左弓步。左右手随转体慢慢分别向左上、右下分开，左手的高度与眼平齐，肘微弯曲，掌心向上；右手落在右胯旁，肘也微弯曲，掌心向下，指尖向前，眼看左手。

⑥ 身体微向左前方转体，右腿收脚迈向右侧，左腿弯曲，身体重心移至左腿；左脚后蹬，左腿自然伸直，呈右弓步。同时左右手随转体慢慢向右上、左下分开，右手的高度与眼平齐；肘微弯曲，掌心向上；左手落在左胯旁，肘也微弯曲，掌心向下，指尖向前，眼看右手。

⑦ 收左腿至距右脚一步的距离，两腿微蹲，两脚开立；然后两臂慢慢屈平于胸前，与肩同宽，掌心向下，缓缓下落。

⑧ 两手落于大腿外侧，左脚轻轻提起，与右脚并拢，前脚掌先着地，随之全脚踏实；恢复成预备姿势，双眼平视前方。

8

7

1

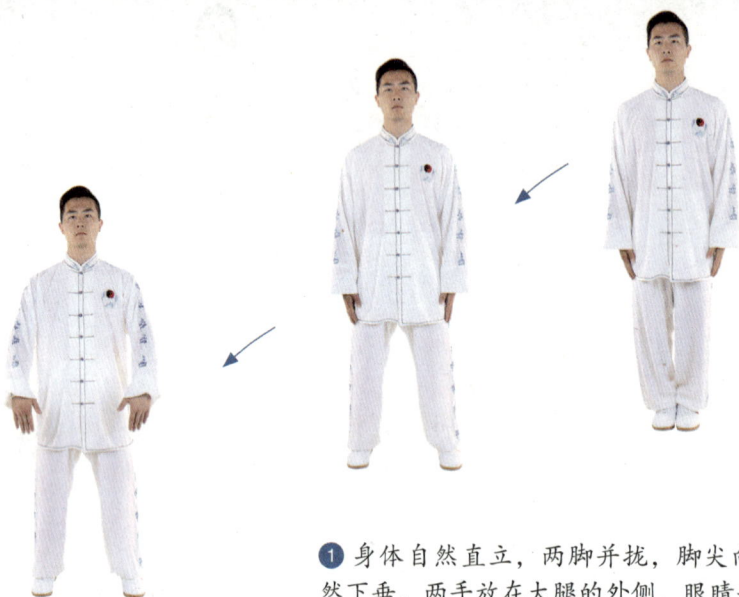

① 身体自然直立，两脚并拢，脚尖向前，双臂自然下垂，两手放在大腿的外侧，眼睛平视前方。之后左脚抬起，迈向左侧大约一步的距离，呈两脚开立姿势，两臂慢慢向前平举。

2

② 两手的高度与肩平齐，与肩同宽，掌心向下。上半身保持正直，两腿屈膝下蹲，同时两掌轻轻下落，落至腹部高度，指尖向前，掌心向下，眼睛平视前方。

③ 身体右转，右腿向右侧跨步，左腿向右腿内侧迈步，脚尖着地，腿微弯曲。右手由下向上画弧至右肩部的外侧，臂微弯曲，与耳同高，掌心向上；左手上起，由左上方、向右下方画弧至右胸前，掌心向下，眼看右手。

④ 上半身左转，左脚向前迈出，脚跟着地，同时右臂向上弯曲，掌心朝面部，左掌向右下按掌，掌心朝下。

⑤ 然后左脚踏实，左腿弯曲，重心前移至左腿，右腿蹬直。同时右手屈回，由右耳侧向前推出，臂伸直，高与鼻尖平；左掌落于左胯旁，臂微弯曲，掌心向下。眼看右手。

5

4

3

6

7

⑥身体左转，提左腿向左侧跨步，重心移至左腿上，右腿向左腿内侧迈步，脚尖着地，腿微弯曲。同时，左手向外翻掌，由左后向上平举，掌心向上；右手随转体向左下画弧，落于左肩前，掌心向下，眼看左手。

⑦上半身右转，提右脚，右脚向前迈步，脚跟着地，同时左手屈回，掌心对着面部；右掌向下画弧，掌心朝下。

10

⑨ 收左腿至距右脚一步的距离，两腿微蹲，两脚开立，然后两臂慢慢屈平于胸前，与肩同宽，掌心向下，缓缓下落。

⑩ 两手落于大腿外侧，左脚轻轻提起，与右脚并拢，前脚掌先着地，随后全脚踏实，恢复成预备姿势，双眼平视前方。

9

8

⑧ 右脚踏实，左腿蹬直，呈右弓步。同时左手屈回，由左耳侧向前推出，臂伸直，高与鼻尖平，掌心向外；右手向下，由右膝前搂过，落于右胯旁，臂微曲，掌心向下，眼看左手。

③ 倒卷肱

零基础学陈氏太极拳

1

❶ 身体自然直立，两脚并立，脚尖向前；两臂自然下垂，两手放在大腿外侧，眼睛平视前方。之后左脚抬起，迈向左侧大约一步的距离，呈两脚开立姿势，两臂慢慢向前平举。

❷ 两手高与肩平，与肩同宽，掌心向下。上半身保持正直，两腿屈膝下蹲，同时两掌轻轻下落，落至腹部高度，指尖向前，掌心向下，眼睛平视前方。

2

右倒卷肱

③ 上半身右转，右手翻掌(掌心向上)，经腹前由下向后上方画弧平举，臂微弯曲。右臂屈肘回收，右手经由右耳侧向前方推出，掌心向前；左手随即翻掌向上，向前方伸直平举，掌心向上。

右倒卷肱

④ 同时左脚向后方蹬脚，先脚尖着地，后踏实。眼睛的视线随着向右转体先向右看，再转向前方看右手。

左倒卷肱

⑤ 上半身左转，左手翻掌（掌心向上），经腹前由下向后上方画弧平举，臂微弯曲。左臂屈肘回收，左手经由左耳侧向前方推出，掌心向前；右手随即翻掌，向前方伸直平举，掌心向上。

左倒卷肱

⑥ 同时右脚向后方蹬脚，先脚尖着地，后踏实。眼睛的视线随着向左转体先向左看，再转向前方看左手。

8

⑦ 左腿向后蹬脚，收至距右脚一步的距离，两腿微蹲，两脚开立，然后两臂慢慢屈平于胸前，与肩同宽，掌心向下，缓缓下落。

⑧ 两手落于大腿外侧，左脚轻轻提起，与右脚并拢，前脚掌先着地，随后全脚踏实，恢复成预备姿势，双眼平视前方。

7

❹ 左右穿梭

① 身体自然直立，两脚并立，脚尖向前，两臂自然下垂，两手放在大腿外侧，眼睛平视前方。之后左脚抬起，迈向左侧大约一步的距离，呈两脚开立姿势，两臂慢慢向前平举。

② 两手高与肩平，与肩同宽，掌心向下。上半身保持正直，两腿屈膝下蹲，同时两掌轻轻下落，落至腹部高度，指尖向前，掌心向下，眼睛平视前方。

右穿梭

④ 然后右手向上方画弧抬至额前，掌心向内，左手向下按压至左肋处，右脚抬起向右上方蹬腿，后跟着地。接着右手向下缩回，左手向上抬起呈抱球状，右腿再次缩至左脚内侧。

右穿梭

⑤ 右手向上方画弧抬至额前，掌心向内，左手向下按压至左肋处，右脚抬起向右上方蹬腿，后跟着地。

右穿梭

⑥ 然后右手翻掌向外，左手经由腹前向前方推掌，左臂伸直微弯曲，掌心向外，右脚踏实，重心前移，左腿蹬直。

右穿梭

③ 身体微向左转，同时两手在左胸前呈抱球状（左上、右下），右腿缩至左脚内侧。

左穿梭

⑦ 身体重心后移，右脚尖略向外撇，重心再次移至右腿。左掌收回于胸前，掌心向下，右手向下置于胸前伸直，臂微弯曲，掌心向外。左脚经由右脚内侧向左前方迈步，右腿微弯曲，重心在右腿，左右两掌翻掌呈抱球状（左下、右上），后左掌由腹部向左上方送掌，右手向下方按压至右肋前，掌心向下。

左穿梭

⑧ 身体左转，左脚向左前方迈出，右腿屈膝弓腿，左脚脚跟着地，呈左弓步，左腿脚掌踏实，重心前移，右腿蹬直。左手由面部前方向上送掌而后翻掌停在左额前，掌心斜向上；右手先向右下再经体前向前推出，高与鼻尖平，掌心向前。眼看右手。

⑨ 右腿收至左腿一步距离，同时上半身转正，两腿微蹲，两脚开立。然后两臂慢慢屈平于胸前，与肩同宽，掌心向下，缓缓下落。

⑩ 两手落于大腿外侧，左脚轻轻提起，与右脚并拢，前脚掌先着地，随后全脚踏实，恢复成预备姿势，双眼平视前方。

⑤ 搬拦捶

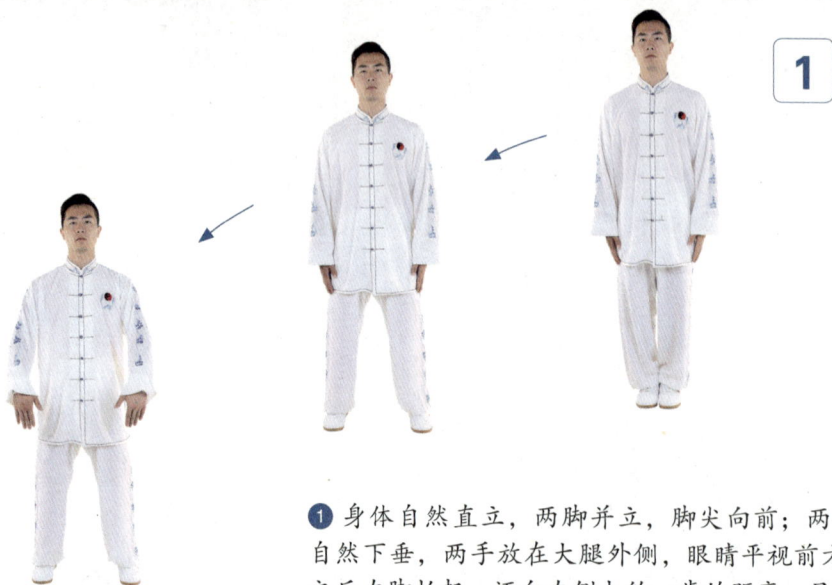

① 身体自然直立，两脚并立，脚尖向前；两臂自然下垂，两手放在大腿外侧，眼睛平视前方。之后左脚抬起，迈向左侧大约一步的距离，呈两脚开立姿势，两臂慢慢向前平举。

② 两手高与肩平，与肩同宽，掌心向下。上半身保持正直，两腿屈膝下蹲，同时两掌轻轻下落，落至腹部高度，指尖向前，掌心向下，眼睛平视前方。

零基础学陈氏太极拳

③ 身体左转，重心移至左腿，左脚向左前
倾，呈左弓步，右脚提起向前方迈步，迈步
时脚尖向下，左手向左上方抬起画弧，向胸
前按压，右手于右下方变拳。

④ 右脚向前迈出，右腿伸直，后跟着地，
右脚尖外撇，左腿微弯曲，重心在左腿。双
手在胸前相交，左外右内，左手向下按压至
左肋处，掌心向下，右拳向上翻出，向前平
举，臂微弯曲，拳眼向内。

4

3

⑤ 身体重心移至右腿，左脚向前迈一步绷直，后跟着地，右腿弯曲，重心在右腿。迈步的同时，左手由下向上抬起，经左侧向前平行画弧至身体中线，掌心向右，同时右拳由前向后收至右肋旁，翻拳，拳心向内，眼看左手。

⑥ 左腿向前，脚掌踏实，左腿前弓，身体重心前移，右腿蹬直。右拳向前方伸直打出。

6

⑦ 最后右腿收回，离左腿一步距离，双腿微弯曲，然后两臂慢慢屈平于胸前，与肩同宽，掌心向下，缓缓下落。

⑧ 两手落于大腿外侧，左脚轻轻提起，与右脚并拢，前脚掌先着地，随之全脚踏实，恢复成预备姿势，双眼平视前方。

6 左右云手

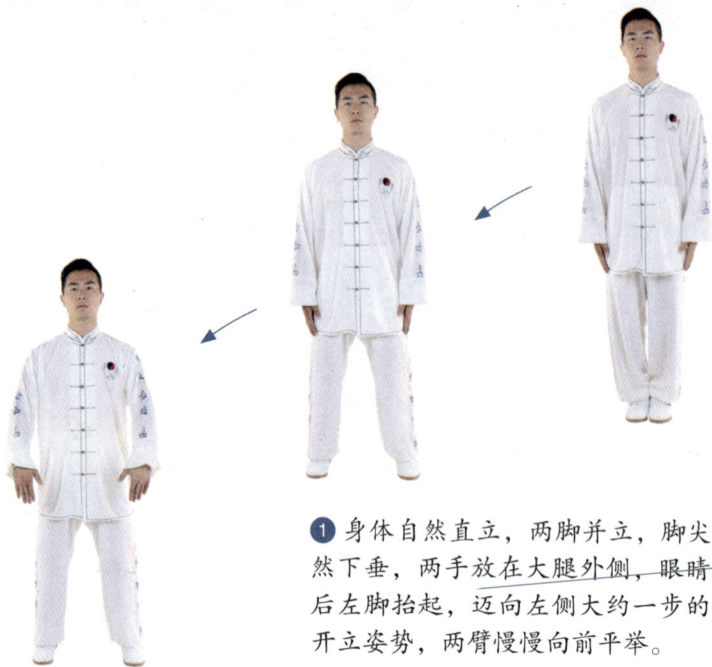

❶ 身体自然直立，两脚并立，脚尖向前，两臂自然下垂，两手放在大腿外侧，眼睛平视前方。之后左脚抬起，迈向左侧大约一步的距离，呈两脚开立姿势，两臂慢慢向前平举。

❷ 两手高与肩平，与肩同宽，掌心向下。上半身保持正直，两腿屈膝下蹲，同时两掌轻轻下落，落至腹部高度，指尖向前，掌心向下，眼睛平视前方。

❸ 左脚先向左侧迈出一步，右脚随身体重心转移。左手翻掌经腹前向右上画弧至面部前侧，臂微弯曲，掌心斜向里，同时右手向上抬起至右肩前竖起，继而向下压掌至右肋旁。

❹ 身体重心逐渐左移，左腿弯曲，右脚向左脚内侧并拢。左手由面部前方向外侧翻掌前推，掌心向外，臂微弯曲；右手继续由右下方经腹前向左上画弧至左肩前。

4

3

⑤ 上半身再向右转，右腿弯曲，左脚向右脚内侧并拢。右手由面部前方向外侧翻掌前推，掌心向外，臂微弯曲，左手继续由左下方经腹前向右上画弧至右肩前。

⑥ 然后两臂慢慢屈平于胸前，与肩同宽，掌心向下，缓缓下落。两手落于大腿外侧，全脚踏实，恢复成预备姿势，双眼平视前方。

第七章
陈氏太极拳精要 18 式

陈氏太极拳精要 18 式是陈正雷师傅在陈氏太极拳的老架一路的基础上改编而成的。

扫二维码观看
教学视频

① 起势

起势是练习太极拳套路的开头, 也是关键之处。起势能凝神静气, 让人全神贯注, 起势练习好在接下来的套路练习中就会通达流畅。

扫二维码观看
教学视频

074

1

2

3

迈左腿

起势——抬左腿

①~② 身体直立, 双臂下垂于身体两侧, 两脚并立, 左脚抬起, 脚尖触地。

起势——迈左腿

③ 上半身保持不动, 将抬起的左脚向左迈出一步。

起势——踏实左脚

④ 左脚全脚掌踏实, 呈两脚开立姿势, 双腿微屈下蹲。

注意细节!

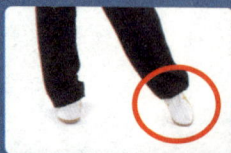

落脚时脚尖着地。

4

步法示意图

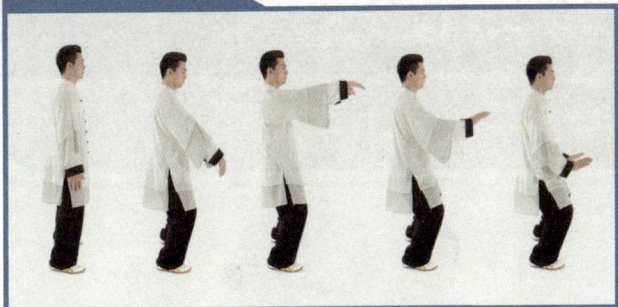

8

7

起势——向上抬掌

⑤～⑥双掌翻掌，指尖向下，双臂缓缓向上抬起，抬至与肩平行，掌心朝下，指尖向前。

起势——落掌

⑦～⑧双掌翻掌向前，掌心向前，继而两手掌慢慢下落。

6

5

② 金刚捣碓

"金刚捣碓"主要是借用神话传说中的金刚手持降魔杵的姿势而得名。太极拳"金刚捣碓"的姿势,右手捏拳,如金刚握杵一样,左手弯曲如臼之形,右拳落于左掌正中,如石杵捣碓一般。

扫二维码观看
教学视频

金刚捣碓——左前推掌

❶ 接上式。双腿微屈下蹲,双掌掌心朝下。

金刚捣碓——左前推掌

❷ 双掌上抬屈臂,由右前方推向左前方,掌心向左前方。

金刚捣碓——左前推掌

❸ 双掌推至左前方,左手掌心朝上,指尖朝右前方,右掌在右胸前方,目视左指尖。

零基础学陈氏太极拳

076

6

在上半身转体时，左脚保持不动，脚尖朝前，右脚随着上半身，抬起脚尖向内扣。

5

金刚捣碓——转向右侧

❺ 下半身保持不动，上半身向右转动，同时双掌翻掌，掌心朝前，指尖朝左。

金刚捣碓——转向右侧

❻ 上半身转到右侧保持不动，右脚脚尖翘起向内扣。

4

看指尖

金刚捣碓——上半身左转

❹ 上半身转向左侧，同时双掌掌心朝向左侧，指尖朝上。

金刚捣碓——落脚

⑦ 身体转至右侧，右脚踏实。右掌向左前方微微画弧。

金刚捣碓——收右脚

⑧ 将右脚收回，屈膝抬起左脚，贴于右腿内侧。

零基础学陈氏太极拳

金刚捣碓——迈左腿

⑨ 重心保持在右侧，将抬起的左脚向左迈出一大步，头部转动，目视左前方。

9

提左脚向身体左侧仆步。

金刚捣碓——向下画弧

⑪ 左脚掌踏实，上半身保持不动，双手同时向下画弧，头部随左手转动。

金刚捣碓——左手前推

⑫ 重心前移，左脚弓步在前，左手屈臂向前推进，掌心向下，右手翻掌，掌心朝上。

金刚捣碓——转头

⑩ 身体保持不动，左掌向内收，掌心朝上，直到胸前，头部随之转动，目视左手。

13

看指尖

14

金刚捣碓——收右脚

⑬ 身体转回正面，重心前移，收起右脚，脚尖朝下，右掌内翻，掌心朝前。

金刚捣碓——迈右脚

⑭ 右脚向前迈步，前脚掌着地，呈右虚步，右掌由后方向前方画弧举至胸前，与左手相合，右臂伸直，掌心向上，左掌放至右臂内侧。

15

金刚捣碓——右掌握拳

⑮ 脚步保持不动，右手向上准备握拳。

零基础学陈氏太极拳

18

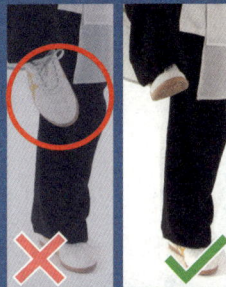

抬起右脚时脚尖朝前，脚尖不要向下扣。

17

金刚捣碓——落拳
⑯ 脚步保持不动，左掌放至腹前，掌心朝上，右掌由上握拳下落到左掌，拳心朝上。

金刚捣碓——抬右脚
⑰ 右拳屈臂上举至面部前方，拳心向内，左掌保持不变，掌心向上，右腿向上提起。

金刚捣碓——落脚落拳
⑱ 左掌保持不变，右拳与右脚同时落下，右拳落于左掌正中，拳心朝上，右脚落地，双脚屈蹲开立。

16

注意细节！

右拳落于左掌正中，拳心向上。　双脚始终呈右虚步。

③ 懒扎衣

古代人因长服束腰，演练太极拳时必须将长服卷起，塞于腰带中，以便动步踢腿，此动作与左手撩衣塞于背部腰带相似。右拳横举向后，目视左前方，以示临场不慌、撩衣应战之意。

扫二维码观看教学视频

零基础学陈氏太极拳

082

懒扎衣——抬右腿

❶ 接上式。身体向前，右拳落于左掌正中，拳心朝上。

懒扎衣——抬双手

❷ 右拳与左掌同时向上交叉抬到胸前，左掌在前，右拳在抬起过程中由拳变为掌。

懒扎衣——右掌外旋，左掌内旋

❸ 下半身保持不动，左掌下按，掌心朝下，右掌向上抬起同时外翻，掌心朝外。

正误对比！

右掌抬到遮住嘴巴，不要抬得过高。

6

懒扎衣——右掌外旋，左掌内旋

④~⑤ 身体向右转动，左掌内旋，右掌外旋，左臂旋至左上方伸直，指尖朝上，掌心朝外，右臂旋至右下方伸直，掌心向前，同时右脚抬起。

懒扎衣——迈右脚

⑥ 双臂交叉于胸前，左臂在内侧，掌心向右，右臂在外侧，掌心向上，同时右脚由左脚内侧向右跨大步，脚跟触地。

5

083

4

7

8

懒扎衣——上半身左转

⑦ 右脚踏实，右膝屈躬，呈左弓步，上半身转向左侧，双手保持不变，交叉在胸前。

懒扎衣——上半身转正

⑧ 上半身转回正面，右臂由胸前向右前方画弧，掌心向外，左掌搭在右臂上。

懒扎衣——右掌画弧

⑨ 上半身保持不动，眼随手动，左臂下落至腹前，掌心向上，右掌继续向身体右前方画弧。

9

懒扎衣——右掌画弧

❿ 右掌画弧至身体右前方，同时左手叉腰，上半身保持正直。

懒扎衣——右弓步

⓫ 右臂微屈，右掌立掌，掌心向外，指尖向上；重心移到右腿，呈右弓步。

正误对比！

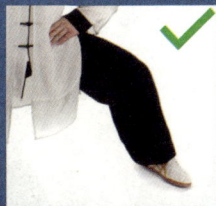

呈右弓步时，左腿要屈膝不要下沉。

4 六封四闭

"六封"是说太极拳拳法的境界达到可以使对手失去判断能力，出现进攻、退守两难，"六神无主"的状况。达到这种境界的太极拳就是"闭其四肢，使对方四肢被动调遣"。

扫二维码观看
教学视频

1

2

3

六封四闭——推掌向上

❶~❷接上式。左手叉腰，右掌立掌向右，接着右掌由下向上翻掌，左掌向右上方推掌。

六封四闭——推掌向上

❸ 左掌推至右胸前方，左掌翻掌，掌心朝前，下半身保持右弓步。

六封四闭——双掌向左画弧

❹ 身体重心继续左移，双臂同时向左前方画弧，头部随手臂转动。

4

六封四闭——双掌向左画弧

⑥ 双臂转至左前方，左臂弯曲，掌心朝内，右臂直臂，指尖向前，掌心朝内侧，目视左前方。

六封四闭——收掌

⑦~⑧ 重心右移，身体转回正面，同时双臂向上弯曲，掌心相对，下按至胸前。接着身体向右转，收左脚至距右脚一步距离处，脚尖点地，呈左虚步，右腿屈蹲，双掌由胸前向右下方推出，掌心向外。

六封四闭——双掌向左画弧

⑤ 身体重心转移到左腿，呈左弓步，双臂继续向左前方画弧，同时上半身转向左侧。

⑤ 单鞭

单鞭为双手左右肱展开，姿势看起来力量薄弱，实际上当双臂展开发力时如同鞭子抽打一般。

扫二维码观看
教学视频

零基础学陈氏太极拳

单鞭——翻掌搭手

❶~❷ 接上式。下半身呈左虚步，姿势不变。左掌向上翻掌，掌心朝上，右掌掌心朝内搭在左臂上，下半身姿势不变。

单鞭——抬臂钩手

❸ 右掌上抬，伸直变钩手，指向右前方，左掌回收至腹前，掌心向上。

单鞭——并步抬脚

❹ 提左脚至右腿内侧，准备前迈，脚尖向前，上半身姿势不变。

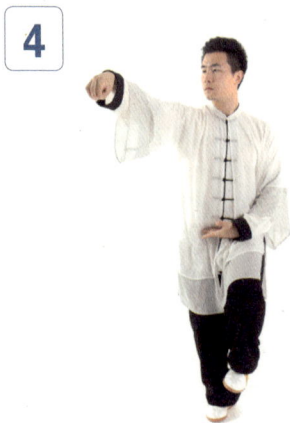

单鞭——迈左脚

❺ 左脚向左侧跨大步，脚跟先触地，上半身保持不动，身体重心左移。

单鞭——转体抬掌

⑦ 身体重心右移，向前转正，左掌移至右臂下，右钩手姿势不变，头部转向右侧，目视钩手。

单鞭——向左画弧

⑧ 左掌向右侧上举，举至右臂内侧，翻掌轻按右臂，掌心向下，下半身保持不动。

单鞭——向左画弧

⑨~⑩ 下半身保持不动，左掌向左侧外旋画弧，至身体左侧，屈臂伸直，掌心向前。

单鞭——踏脚弓步

⑥ 左脚踏实，身体重心左移，呈左弓步，左掌平移至左肋处，头部转向左侧，目视左前方，上半身姿势不变。

6 白鹤亮翅

最早在陈氏太极拳中，此拳式被称为白鹅亮翅。此式动作右臂上扬亮掌，左臂下落按掌，犹如鹤之展翅，故得此名。

扫二维码观看教学视频

零基础学陈氏太极拳

090

白鹤亮翅——钩手立掌

❶ 接上式。双臂伸直，眼看左手，右手钩手，左手立掌。

白鹤亮翅——下蹲画弧

❷ 重心向右移，抬起左脚脚尖，同时右手钩手变为掌，双掌同时向下压。

白鹤亮翅——转体画弧

❸ 左脚踏实，重心移到左脚，呈左弓步，身体向左转动，右掌向前，在身前画弧。

抬手时上半身与下半身保持朝前，身体不要向右侧转动。

6

5

白鹤亮翅——抬臂上举

⑤ 右脚踏实，上半身前倾，左脚脚跟抬起，脚尖撑地。同时右臂上举，横挡在面前，掌心向外，左掌轻抚右臂内侧。

白鹤亮翅——落掌

⑥ 身体微左转，屈蹲；同时左掌向左下方画弧下按，右掌保持不动，左掌画弧至左肋处，掌心向下。

4

白鹤亮翅——迈右脚

④ 右脚向右前方迈出一步，脚跟触地，重心移到左腿，左腿弯曲。右掌划至身前，右臂屈臂，左掌搭在右臂之上，左掌掌心朝右，右掌掌心朝上。

7 斜行

"斜行"是指上步时所形成的身体上下肢之间的角度方位，是相对"正行"而言。

扫二维码观看
教学视频

零基础学陈氏太极拳

092

斜行——右掌画弧

❶~❷ 接上式。右掌向左下方画弧，左掌姿势不变。

斜行——左掌前推

❸~❹ 身体微微向右转动，右掌经过腹前接着向右画弧，右掌掌心朝下，左臂屈臂向上抬起，手掌朝右侧，指尖朝上。

8

斜行——迈左脚

⑥ 上半身依旧保持不动，左脚向左迈出一大步，重心转移到右脚，呈右弓步。

斜行——弓步转体

⑦ 腿部保持不动，身体转向右前方，右臂向上抬至与地面平行，手掌朝下，左掌按压至胸前，掌心向前；腿呈右弓步。

斜行——保持抬臂落掌

⑧ 右掌翻掌上抬，左掌下按；下半身姿势保持不变。

7

6

5

斜行——并步抬脚

⑤ 上半身保持不动，双腿微屈，同时抬起左脚，贴于右脚内侧。

9

斜行——上半身后倾

⑨ 左掌下按至裆前，掌心向下，右掌提至右耳旁，掌心向左，双掌继续画弧。身体重心左移，呈左弓步。

10

斜行——转体推掌

⑩ 上半身左转，左掌画弧至左下方，右掌姿势不变，随身体转动。

斜行——抬臂钩手

⑪ 左掌上抬向左前方伸直，掌变钩手，右掌按至胸前，掌心向左下方。

11

14

斜行——画弧

⑫ 右掌向右侧画弧，左手钩手姿势不变。

斜行——画弧

⑬ 身体随右手边画弧边向右转，画至身体右侧伸直，掌心向右，掌指向前，下半身姿势不变。

斜行——立掌

⑭ 右掌竖起，手指向上。

13

12

正误对比！

手臂微屈，保持右手掌心朝前，不要弯曲过度。

8 搂膝

此式名称来源于动作特征，拳式中双手由膝向上搂起所以取名为搂膝。

扫二维码观看
教学视频

搂膝——躬膝落掌

❶~❷接上式。右掌竖起，掌指向上，下半身姿势不变，右掌向下画弧。

搂膝——仆步转体

❸身体向左侧转动，右掌画弧至腹前，掌心向上，屈臂于腹前，左掌翻掌，掌心朝上。

搂膝——起身虚步

❹全身站起，左脚脚尖触地，慢慢收回左脚，同时双臂往上抬。

正误对比!

动作过程中左脚始
终前脚掌触地，不要
踏实。

搂膝——虚步抬臂

⑤ 全身站起后，上半身微微后倾，左脚收回离右脚一步
的距离，脚尖触地，双掌抬到与肩平齐。

搂膝——虚步立掌

⑥ 双掌立掌，掌心相对，指尖朝上。

6

5

"拗步" 是指手与脚的配合关系，是相对 "顺步" 而言。

扫二维码观看
教学视频

拗步——双掌画弧

❶~❷ 接上式。双掌立掌，掌心相对，指尖朝上，双掌向右侧画弧，掌心朝下。

拗步——收脚画弧

❸ 经过腹部继续向右侧画弧，同时将左腿收回，脚尖触地，左腿屈膝，脚跟贴于右腿内侧。

拗步——迈左脚

❹ 右掌画至右下方，右臂伸直，右掌翻掌，掌心朝上，左掌画至右胸前，翻掌掌心朝前，同时左脚向左迈出一步，脚跟触地。

拗步——踏脚出掌

⑤ 右掌保持不动，左脚踏实，同时左掌向左侧伸展，掌心朝前，目光随着左掌转动。

拗步——并步抬脚

⑥~⑦ 抬起右脚，贴于左腿内侧，身体转向左侧，右臂屈臂，右掌掌心朝左，指尖朝上，左掌下按，掌心朝下。接着右腿向右前方迈出一步，脚跟触地，脚尖向里扣，同时右掌向前推出。

拗步——踏脚下蹲

⑧ 右脚踏实，右掌在胸前立掌，掌心朝左，指尖朝上，左掌在左腹处，掌心朝下，目光注视右掌。

⑩ 掩手肱拳

掩，是遮掩庇护的意思；肱，指肘到肩的部分。掩手肱拳，意思就是遮蔽身躯后用肘臂之力将拳打出。

掩手肱拳——弓步立掌

❶ 接上式。右掌在胸前立掌，掌心朝左，指尖朝上，左掌在左腹处，掌心朝下。

1

2

掩手肱拳——并步抬脚

❷ 左臂弯曲，向上抬起，掌心朝右，指尖朝上，右臂向右下方画弧，同时抬起左脚，收回贴于右腿内侧。

掩手肱拳——出脚合掌

❸ 左脚再向左迈出一大步，脚跟触地，同时双掌交叉于胸前，右掌在前，掌背相对。

掩手肱拳——踏脚下蹲

❹ 左脚踏实，身体下蹲，同时双掌下压，掌心朝下。

3

4

零基础学陈氏太极拳

掩手肱拳——弓步伸掌

❺ 身体重心左移，呈左弓步，双掌向身体两侧伸直撑开，高与肩平，左掌心向后，右掌心朝前。

掩手肱拳——转体收拳

❻ 身体重心右移，双掌翻掌内旋，右掌变拳，拳心向后，左臂屈臂，左掌向内翻掌。

掩手肱拳——收拳

❼ 左掌向后收掌，掌心向上，右拳向前出拳，拳心向上，左掌掌心朝上。

掩手肱拳——转体屈臂

❽ 身体向左转动，左掌向左肋处回收。

掩手肱拳——出拳

❾ 身体重心移至左腿，呈左弓步，右拳翻转向前方出拳，右臂伸直，与肩同高，左掌收于左肋处。

⑪ 高探马

此动作因其姿势如同高高站立在马镫上探路，或者说像探身跨马之势而得名。

扫二维码观看教学视频

高探马——弓步出拳

❶ 接上式。左弓步，右臂伸直出拳，左掌收于左肋处。

高探马——由拳变掌

❷ 下半身保持不动，右臂向内屈臂，右拳由拳变为掌，掌心朝下。

高探马——转体画弧

❸ 左臂向上抬起，手掌微微抬起，掌心朝右，右掌画弧至左臂下方。

零基础学陈氏太极拳

高探马——转体画弧

④ 身体微微右转，重心向右移，双掌向两侧伸展，同时翻掌，掌心朝前。

高探马——弓步伸掌

⑤ 身体右转，同时双掌翻掌朝上，右掌向右后方外摆，掌心向上，眼看右手。

高探马——屈臂收脚

⑥～⑦ 提左脚收于右脚后方，脚尖点地，右臂屈臂回收，右掌收于右耳旁。身体左转，左掌后收至左肋旁，掌心向上，右掌前推，臂伸直，掌竖起，掌心向前，眼看右掌。

⑫ 左蹬一跟

蹬一跟即蹬一脚，是陈氏太极拳腿法练习时脚端的动作。蹬一跟在应用时，以足蹬击对方。

扫二维码观看
教学视频

1

2

左蹬一跟——屈臂收脚
❶ 接上式。左掌托在腹前，右臂伸直，立掌。

左蹬一跟——落脚合掌
❷ 左脚踏实，身体左倾，右掌向下画弧，与左掌交叉于腹前，掌心朝上。

左蹬一跟——伸脚抬臂
❸ 右腿向右迈出一步，脚跟触地，双掌向上抬起，抬至挡住面部，同时翻掌，掌心朝前。

左蹬一跟——落脚伸臂
❹ 右脚踏实，重心转移至右腿，呈右弓步，双臂横摆，掌心朝前，眼看右手。

3

4

零基础学陈氏太极拳

7

正误对比！

向左蹬脚时，不要蹬得过高或者过低，最好是与地面平行。

6

左蹬一跟——收脚合掌

⑤ 收左脚，脚尖触地，同时双掌向下画弧，两腕交叉合于腹前，左腕搭在右腕上，掌心向上，指尖向前。

左蹬一跟——握拳抬脚

⑥ 左脚抬起，膝同腹平，脚尖自然下垂，双掌变拳，拳心向内。

左蹬一跟——伸臂蹬脚

⑦ 接着重心全部移至右腿，左腿脚尖内扣，向左上端出，脚与腰同高。同时两臂分别向左上方、右下方展臂撩拳，拳与肩平，拳眼朝上。

5

⓵③ 玉女穿梭

此拳式左右运转，动作纤巧灵活，好像织女在织锦穿梭一般。该动作比较柔缓。

扫二维码观看教学视频

零基础学陈氏太极拳

106

玉女穿梭——收腿抬脚

❶ 接上式。将踢出去的左腿收回，双臂向两侧伸展，拳与肩平，拳眼朝上。

玉女穿梭——落脚

❷ 左脚向左侧迈出一步，脚跟着地，双手由拳变为掌，右掌向下推掌，掌心朝上，左掌搭在右臂内侧。

玉女穿梭——虚步抬臂

❸ 左脚踏实，右腿挺直，脚跟抬起，右臂弯曲向上抬起，右掌掌心朝下，左掌搭在右臂上。

6

玉女穿梭——转体落掌

④ 下半身保持不动，左掌画弧至
右胸前，右掌外旋。

玉女穿梭——转体落掌

⑤ 上半身微微向右转动，下半身
保持不动，右掌与肩同高，指尖朝
上，掌心朝左，左掌在右胸前，指
尖朝上，掌心朝右。

玉女穿梭——转体落掌

⑥ 右脚踏实，重心后移，上半身
后倾下蹲，同时双掌向下画弧。

5

4

7

8

玉女穿梭——翻掌抬腿

❼ 起身，抬起右腿，直到大腿与地面平行，脚尖朝下，同时双掌翻掌，掌心朝上，向上抬起。

玉女穿梭——踮脚提膝

❽ 踮起支撑的左脚，右脚继续向上抬起，双掌保持不变，肩部微微耸肩。

玉女穿梭——落脚下蹲

❾ 左脚踏实，身体下蹲，同时双掌翻掌，掌心朝下。

9

12

玉女穿梭——落脚下蹲

⑩ 右脚落下，身体半蹲，双掌向下画
弧，左掌画至腹前。

玉女穿梭——提膝抬脚

⑪ 起身，左腿挺直，抬起右腿，直到
大腿与地面平行，双掌翻掌，掌心朝
上，左掌向前伸出，右掌搭在左臂。

玉女穿梭——转体合掌

⑫ 身体向左转动，双掌交叉位于胸前，
右掌掌心朝上，左掌掌心朝右，同时
重心转到左腿，准备向右蹬出。

11

10

玉女穿梭——转体蹬脚

⑬ 右脚向右蹬出，同时右掌向右直臂推出，左臂屈肘，向后伸展，左掌掌心朝下，右掌立掌，指尖朝上，掌心朝前。

玉女穿梭——落脚

⑭ 将蹬出的右脚落下，与左脚离开一定距离，上半身保持不动。

玉女穿梭——收脚转体

⑮ 左脚收回，脚尖触地，身体向右侧转动，右掌掌心朝下，左臂屈臂，左掌贴于右臂内侧。

零基础学陈氏太极拳

110

18

玉女穿梭——迈脚转体

⑯ 左脚向前方迈出一步，脚跟先触地，双掌向两侧伸展，与肩齐平。

玉女穿梭——转体画弧

⑰ 左脚踏实，右脚向后方插步，前脚掌触地，左手迅速立掌向左推出，右手屈臂架于头右上方，掌心向前。

玉女穿梭——虚步转体

⑱ 右脚踏实，身体向右后方转动，左脚脚尖撑地，左掌向下伸出，翻掌掌心朝上，右臂向上抬起，掌心朝上。

17

16

14 云手

中国画中的螺旋状意为云随风动，而此式动作中双手交替旋转似画中螺旋状，所以将此式命名为云手。

扫二维码观看教学视频

零基础学陈氏太极拳

112

云手——虚步转体

❶ 接上式。右腿微屈，左腿脚尖触地。左掌向下，右掌朝上。

云手——弓步推掌

❷ 左脚踏实，脚尖抬起向内扣。微微向右转动，左掌向右前方画弧，掌心向右，右臂微微下落，掌心向前，同时左腿伸直，右腿弯曲呈右弓步。

云手——并腿提膝

❸ 收右腿屈膝抬起，贴于左腿内侧，脚尖朝下。左臂向上抬起，掌心朝下，右掌下压，掌心朝下。

6

云手——向后撒步

❹ 身体微向左转，随之右脚向左后方撒步，前脚掌着地。同时，左掌内旋向上、向左画弧于左胸前，指尖向右上方，掌心向左；右掌翻掌向下、向左画弧于左腹前，指尖向下，掌心向左。

云手——并步抬脚

❺ 右腿微屈，收起左腿贴于右腿内侧。同时左掌下按，掌心朝下，右掌继续画弧直到胸前。

云手——弓步迈脚

❻ 左脚向左后迈步伸直，右腿屈躬，呈右弓步，身体微右转。同时右掌经胸前向外、向右画弧至身体右前方，稍高于肩，掌指向左上方，掌心向外；左掌向下、向右画弧于右腹前，指尖向前，掌心向右。

5

4

113

正误对比！

❌　　　✅

提膝向后撒步时，右脚向左侧后方撒步，而不是向左脚后方撒步，撒步的同时双腿屈膝半蹲。

云手——提膝撤步

7 ~ **8** 重复动作3、动作4。

云手——并步迈脚

9 ~ **10** 重复动作5、动作6。

零基础学陈氏太极拳

侧面

云手——提膝撤步
⑪~⑫ 继续重复同动作3、动作4。

12

11

⑮ 转身双摆莲

转身摆莲势依靠上下刮扫的技法，以旋风之势应击前后夹击之敌。

1

2

116

转身双摆莲——屈膝转体

❶~❷ 接上式。右脚踏实，身体向右
转动，同时双掌向右画弧。

转身双摆莲——屈膝转体

❸ 右脚保持不动，身体转回正面，双
掌向右摆动。

3

6

转身双摆莲——屈膝转体

④ 身体转向右侧，重心移至左腿，左腿半蹲，右脚伸直，脚尖抬起向内卷，右掌画弧到胸前，掌心朝前，左掌向上画弧，掌心朝右上。

转身双摆莲——并步抬脚

⑤ 上半身保持不动，身体前倾，右脚踏实并微弯曲，同时左脚收回抬起，贴于右腿内侧。

转身双摆莲——弓步迈脚

⑥ 手掌保持不变，上半身微微向左转，重心保持在右脚，左脚向左前方迈出一步，目视左前方。

5

4

7

8

转身双摆莲——转体立掌

❼ 上半身右转，双臂向右画弧平摆，右掌于肩左前方，左掌于右胸前。

转身双摆莲——弓步转体

❽ 左膝摆正，右腿伸直，上半身向左转，同时左掌向左摆动，直到平行与肩部，掌心朝前，右臂向下伸直，手掌翻转，掌心朝右。

转身双摆莲——并步抬脚

❾ 双手保持不动，收回右脚并抬起，脚尖朝下，贴于右腿内侧。

9

零基础学陈氏太极拳

13

转身双摆莲——转体抬脚
⑩~⑪ 上半身微微右转，将右脚向右前方抬起，同时左臂伸直，右臂向左前方画弧直到胸前。

转身双摆莲——抬脚
⑫ 右腿继续向上、向左弧形摆起，摆至胸高时，左手、右手依次向左击拍右脚面。

转身双摆莲——手脚提膝
⑬ 右腿屈膝下落，呈独立势，双掌恢复成向左摆臂。

12

11

10

16 当头炮

当头炮是以肢体动作来命名的拳式，动作中双拳出击如钢炮一般猛烈，所以命名为当头炮。

扫二维码观看教学视频

1

2

当头炮——提膝转体

❶ 接上式。双臂右摆。

当头炮——弓步推掌

❷ 右脚向后撤步，身体重心左移，呈左弓步，上半身微左转，同时两手向左推出，掌同胸高，掌心均向外，指尖向右前方。

当头炮——弓步画弧

❸ 身体重心向右移，双掌下按，掌心均向左下方。

3

6

当头炮——弓步画弧

④ 重心移至右腿，呈右弓步，右掌移到右肋处，掌心朝下，左掌在左肩正下方，掌心朝下，指尖都朝向前方。

当头炮——屈膝握拳

⑤ 重心向左移，两腿屈蹲，身体向左微转，双手由掌变为拳，向上抬起到胸前，拳心朝内。

当头炮——弓步出拳

⑥ 重心移到左腿，呈左弓步，同时双拳向左掤击，拳心均向内。

5

4

1

2

零基础学陈氏太极拳

122

金刚捣碓——弓步出拳
❶ 接上式。下半身呈左弓步，双拳向左掤击，拳心均向内。

金刚捣碓——由拳变掌
❷ 双拳张开，手掌内翻。

金刚捣碓——左摆立掌
❸ 重心后移，双掌向后拉伸。

3

金刚捣碓——收臂翻掌

❹ 重心移到右腿，呈右弓步，双掌继续向右侧画弧。

金刚捣碓——双掌右摆

❺ 右掌划到右胸前，掌心朝右，指尖朝前，左掌在左胸前，指尖朝前，掌心朝上。下半身呈右弓步。

金刚捣碓——转头

❻ 身体向右转动，同时目视左掌，左掌向内收，掌心朝上，左腿膝盖弯曲。

金刚捣碓——双掌下划

❼ 左脚掌踏实，上半身保持不动，双手同时向下画弧，头部随左手转动。

金刚捣碓——左掌前推

❽ 重心前移，左脚弓步在前，左手屈臂向前推进，掌心向下，右手翻掌，掌心朝上。

金刚捣碓——收脚翻掌

❾ 身体转回正面，重心前移，收起右脚，脚尖朝下，右掌内翻，掌心朝前，向前迈出一步。

金刚捣碓——虚步迈脚

❿ 右脚向前迈步，前脚掌着地，呈右虚步，右掌由后方向前方画弧举至胸前，与左手相合，右臂伸直，掌心向上，左掌放于右臂内侧。

金刚捣碓——手臂上摆

⓫ 脚步保持不动，右手向上，掌心向内。

14

金刚捣碓——腹前落拳

⓬ 脚步保持不动，左掌放至腹前，掌心朝上，右掌由上握拳下落到左掌，拳心朝上。

金刚捣碓——提膝抬拳

⓭ 右拳屈臂上举至胸前，拳心向内，左掌保持不变，掌心向上，右腿向上提起。

金刚捣碓——落脚收拳

⓮ 左掌保持不变，右手与右脚同时落下，右拳落于左掌正中，拳心朝上，右脚落地，双脚屈蹲开立。

13

12

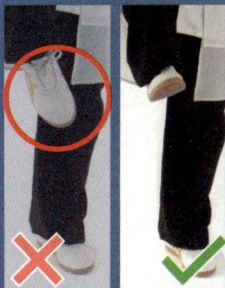

正误对比！

抬起右脚时脚尖朝前，脚尖不要向下扣。

18 收势

扫二维码观看
教学视频

1

2

零基础学陈氏太极拳

126

收势——向上抬臂

①~② 接上式。右拳落在左掌上，双脚开立，右手由拳变为掌，双掌由下往上画弧，掌心朝外。

收势——向上抬臂

③ 双臂摆到与肩平齐，掌心向上，目视右侧。

3

7

6

收势——胸前落臂

④~⑤ 双臂向正前方画弧，直到与肩垂直，掌心朝下，双掌向下按压。

收势——胸前落臂

⑥ 下压直到下腹前。

收势——起身

⑦ 双腿直立，双掌慢慢下落于身体两侧。

5

4

8

9

收势——跐脚
❽ 跐起左脚，脚尖撑地。

收势——收脚
❾~❿ 最后收回左腿，贴于右腿内侧，左脚踏实，结束动作。

10

多角度示意图！

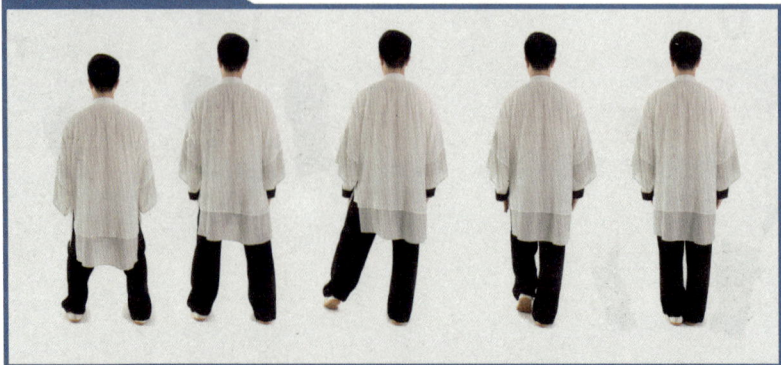

零基础学陈氏太极拳